DISCOURS

PRONONCÉS *dans les assemblées du Peuple de Besançon,*

PAR J. B. COUCHERY.

AVANT-PROPOS.

J'ai dû prononcer fortement ma haine contre les terroristes qui ont ensanglanté la révolution, et mon mépris pour les hommes nuls qui l'ont avilie; mais en même temps j'ai dû exprimer les vœux ardens qui sont dans mon cœur, pour le retour de la paix et de l'union. Je ne trouve que ce mérite à mes prétendus *discours que j'abandonne à la censure de ceux qui sont en état de faire mieux, à l'exécration de ceux qu'ils démasquent, et à l'indulgence de ceux qui savent que j'écris avec la seule prétention de dire des vérités utiles, et que je n'ai pas plus le temps que l'ambition de travailler pour la* GLOIRE.

DISCOURS

Prononcé le 2 pluviôse, dans l'assemblée du Peuple, par J. B. Couchery, Agent National près la Commune de Besançon.

Il étoit digne de la Convention nationale de célébrer, avec le Peuple dont elle a assuré la liberté et fondé le gouvernement, l'anniversaire de la mort du ci-devant roi, dans un moment où les hommes, qui regrettent le pouvoir de nuire, répandent qu'on flatte les vœux insensés de l'aristocratie, et qu'on veut relever le trône sur les cadavres des défenseurs de la liberté; dans un moment où ceux qui n'aiment pas la révolution, surpris d'être les objets de la clémence nationale, se persuadent follement qu'on veut transiger avec eux, parce qu'on cesse de les persécuter, ou qu'il existe un rapprochement d'opinions, parce qu'on les console des injustices du régime auquel nous venons d'échapper.

La volonté du Peuple a fondé la République, il n'est pas plus au pouvoir des factions de contribuer à ses succès, que de préparer sa chute ; elles périront toutes, elles seront toutes dévorées par le tombeau qui reçut les dépouilles du tyran ; en vain elles ont cherché à prolonger son existence, ou à faire revivre son pouvoir ; elles se sont épuisées dans leurs efforts ; elles ont été déchirées par leurs propres fureurs.

Le sang des hommes libres avoit inondé les marches du trône, il falloit que la hache populaire fit couler celui du traître qui les avoit sacrifiés à ses projets : des représailles terribles devoient être accordées au Peuple, qui avoit combattu au dix août. Cette journée coûtoit assez à la France, pour qu'on en assurât les avantages par des moyens énergiques, et par une vengeance implacable : la mort de *Louis le traître*, tel fut le cri de tous les patriotes ; elle fut proclamée avec la

République, comme sa déchéance l'avoit été avec la victoire le jour du 10 août.

L'Europe attendoit pour nous juger ce moment décisif. Si nous avions été incertains dans le sort que nous avons fait éprouver au tyran, elle auroit cru qu'il y avoit de l'impuissance dans nos moyens, de l'irrésolution dans notre volonté, ou quelque chose de respectable dans la personne d'un roi ; mais il tomba, et avec lui s'évanouit le respect superstitieux, qui avoit tenu jusque-là les Peuples enchaînés aux pieds de leurs maîtres : son supplice a expié quatorze cents ans de servitude et d'opprobre.

Si sa mort est une époque glorieuse de notre histoire, s'il n'y eut alors dans toute la France qu'un même vœu pour son supplice, et qu'un même enthousiasme pour la République ; si les patriotes furent unis par les intérêts les plus chers; si tout-à-coup, exaltés par la fièvre révolutionnaire, les français volèrent au combat pour détruire les tyrans ; si les intrigans sommeilloient encore, ou si l'espoir de la tyrannie n'étoit pas développé dans le cœur du conspirateur ; si nous fumes alors dignes de nos destinées, et capables de résister par notre union à tous les tyrans coalisés, combien les temps ont changé depuis! combien d'hommes qui, jusque-là, avoient voulu la chute de la tyrannie et le triomphe de la liberté, s'abandonnèrent aux projets les plus désastreux, quand ils virent que la confusion des pouvoirs préparoit des succès à l'intrigue, et que les incertitudes de l'opinion pouvoient favoriser les erreurs de l'idolâtrie! Ce passage périlleux d'un gouvernement immoral et tyrannique à un régime purement démocratique, se fit au milieu des factions qui commençoient à ambitionner le pouvoir; l'impulsion révolutionnaire, toujours impétueuse dans ses mouvemens, s'écartoit des principes, parce qu'elle n'avoit plus les mêmes résistances à vaincre. Entraînée au delà des bornes, bien plus par la violence de ses transports que par l'étendue de ses prétentions, elle dût nécessairement embrasser des partis extrêmes, et rechercher des alimens dangereux. Les hommes qui auroient pu la régler, tout en lui conservant sa chaleur, avoient trop d'intérêt à ses égaremens pour l'assujettir à une marche uniforme, ou bien étoient trop comprimés par les prétentions des partis pour conserver les moyens de la rendre utile: telle fut la cause de nos malheurs.

Le patriotisme devint un objet de calcul, et les tribunes populaires une arène où chacun faisoit valoir les prétentions les plus absurdes, et recherchoit bien plus les triomphes de l'amour-propre et de l'ambition, que les succès de la liberté. Le Peuple, entraîné par les déclamateurs, prit leurs passions pour la chaleur du patriotisme, et leurs querelles particulières pour la lutte des patriotes contre l'arristocratie. La perspective flatteuse de l'autorité attachée à l'influence politique, la certitude de pouvoir tout oser impunément, quand on étoit soutenu par l'opinion, séduisirent des hommes qui avoient jusque-là paru de bonne foi; ils prétendirent servir le Peuple en lui inspirant la violence de leurs passions, en abusant de ses suffrages et de sa faveur, pour conquérir des postes importans. Dans cette lutte honteuse on se disputa le pouvoir et la fortune, ou bien on s'unit pour les partager, et bientôt les patriotes, trop pusillanimes ou trop incertains dans leurs principes pour se garantir de cet étonnant vertige, eurent tous les vices qu'ils reprochoient aux tyrans, et tout l'orgueil qu'ils avoient prétendu détruire.

Alors toutes les passions vinrent au secours de ce nouveau genre de despotisme, pour le fortifier et partager ses succès. Le Peuple se persuada qu'on lui étoit dévoué, parce qu'on parloit sans cesse de ses ennemis, et qu'on vouloit son triomphe, parce qu'on armoit ses mains de torches et de poignards.

Alors un système de sang et de proscription s'organisa dans toute la République ; des cris de mort horriblement prolongés firent lever tous les hommes sanguinaires ; ils se lièrent par d'affreux sermens, et par des rapports criminels. Alors la foiblesse s'unit au crime, pour ne pas succomber sous ses coups ; elle fut coupable par l'exemple, et cruelle par la frayeur. Alors furent brisés tous les liens de l'ordre social, le meurtre devint le résultat d'un calcul profondément médité, et les germes de la désorganisation furent développés par des hommes qui prétendoient ordonner une société, et créer un gouvernement. Alors il falloit pleurer dans le secret sur les crimes de la tyrannie, et sur l'impuissance du patriotisme, et sourire publiquement à des sacrifices qui brisoient le cœur. Alors on vous punissoit de votre silence comme de vos discours, et la frenésie des conspirateurs étoit si extravagante, qu'ils trouvoient sur votre front le prétexte de votre mort. Alors l'impudence remplaça la noble assurance du mérite, et l'insulte suppléa aux tranquilles efforts du courage. Alors l'ignorance devint un titre pour parvenir ; elle proscrivit tout ce qui pouvoit offrir les traces des arts, ou encourager les efforts du génie ; elle foula dédaigneusement à ses pieds tout ce qui lui rappeloit sa nullité, en la faisant rougir des postes qu'elle avoit usurpés. Des vociférations extravagantes, des déclamations insensées, des discours aussi absurdes qu'équivoques, remplacèrent l'éloquence républicaine. Le Peuple, trompé par des imposteurs, perdit la lumière en même temps que le goût de la liberté ; il n'y eut plus de pouvoir que pour ceux qui l'abusoient avec plus de facilité, plus de réputation que celles qui s'élevoient au milieu des applaudissemens ridicules qu'on prodiguoit à l'exagération ; il n'y eut plus de patriotes que parmi ceux qui avoient assez d'audace et d'effronterie pour tyranniser au nom de la liberté, ou assez de pusillanimité et de bassesse pour courber la tête sous les nouveaux tyrans, et pour suivre leurs traces sanglantes.

Capet n'étoit plus, mais ceux mêmes qui avoient préparé son supplice et applaudi à sa chûte, les hommes de bonne foi qui avoient vu le sort de la République compromis par son existence, se trouvoient proscrits par ceux qui n'avoient voulu conquérir que le pouvoir, et qui avoient soufflé sur le fantôme royal pour s'établir insolemment à sa place.

Je vous évoque du tombeau, patriotes intrépides, créateurs de la République, dont la mort, préparée par des factions furieuses, parut à l'adorateur superstitieux du trône une expiation de celle du tyran; vous qui, dans un moment où la Patrie, tourmentée par tant de résistances, sembloit prête à succomber, avez les premiers ébranlé le colosse monarchique, dont l'existence étoit apuyée sur les siècles et sur des préjugés redoutables; vous dont le nom est associé a la République, comme vos vœux et vos efforts le furent à ses succès. Dites par quelles routes ténébreuses le crime est parvenu à son but, par quels moyens de corruption et d'audace il a terrassé la vertu qui le faisoit rougir, ou qui lui résistoit. Dites-nous par quelles affreuses conjurations il préparoit l'esclavage du Peuple, en proscrivant tous ceux qui pouvoient l'éclairer et le secourir. Les cruels! ils vous ont immolé; ils ont corrompu l'opinion pour l'accoutumer à cette affreuse proscription; ils ont justifié l'assassinat par la supposition du crime; ils ont répandu sur votre nom toute la fange dont ils étoient couverts, et comme s'ils craignoient que la postérité ne réhabilitât une mémoire qu'ils avoient flétrie, comme s'ils avoient voulu étendre leur despotisme jusque sur l'avenir; ils ont appris à toutes les bouches à répéter vos noms avec des épithètes outrageantes. Rassurez-vous, ils n'ont pu réussir à vous couvrir d'opprobres. Rassurez-vous, martyrs de la liberté, le panthéon des hommes qui ont bien mérité de la chose publique, est dans le cœur de tous les patriotes énergiques. On s'étonne d'avoir été vertueux, et d'avoir pu vous survivre.

Le nouveau tyran qui s'éleva au milieu de ce régime désastreux, plus coupable que celui qui avoit opprimé le Peuple, que celui à qui son instinct et son éducation avoit appris à le mépriser, plus dangereux parce qu'il étoit protégé par une réputation presque intacte, et parce qu'il avoit abusé de toutes les passions du régime révolutionnaire; ce monstre dont on ne peut pas plus concevoir l'élévation subite qu'apprécier les moyens, nous conduisoit au point d'où nous étions partis après la mort de Capet, et en renversant également tous ceux dont les préjugés ou l'énergie pouvoient entraver sa marche; il alloit rétablir une dictature plus effrayante que la royauté constitutionnelle, à laquelle nous venions d'échapper.

Parvenu à ce haut degré de fortune et de puissance, il appela à son secours tous les moyens des hommes médiocres, il fut lâchement cruel, parce qu'il ne pouvoit pas être audacieusement conspirateur; il se servit des passions de la multitude, parce qu'il ne pouvoit pas s'aider des vastes conceptions du génie; il fit des victimes, parce qu'il ne pouvoit avoir autant de prosélites que de sujets, et ne se sentant pas capable de tenir dans ses mains les destinées d'un Peuple immense, d'assujettir sa volonté par des profondes combinaisons; il éleva des échafauds, et subjugua par la terreur ceux dont il ne pouvoit conquérir l'opinion.

Qu'il me soit permis de vous offrir le contraste de ce *plébëien* qui veut s'asseoir sur le trône, et du descendant des rois entouré des crimes heureux et du souvenir imposant de ces ancêtres, qui vient de subir le châtiment des lois au-dessus desquelles il s'étoit toujours placé. Ces rapprochemens offrent au philosophe de vastes conjectures sur l'égalité sociale, et de grands argumens pour la fonder sur les lois de la nature. Il voit dans cette étonnante suite d'incidens par quels degrés l'homme arrive au pouvoir, il trouve les causes de la tyrannie que quelques partisans des rois ont voulu chercher dans nos penchans naturels, il les trouve dans la corruption sociale, et il démontre que ce sentiment religieux que l'éducation nous inspira pour des maîtres entièrement fondé sur l'habitude ou sur la crainte, s'évanouit quand l'ame se restitue.

Que l'esclave des rois qui fait émaner du pouvoir invisible, et moteur qui règle l'univers, celui qu'ils font peser sur le Peuple, voie Robespierre rivaliser de despotisme et d'audace avec Capet, et qu'il appuye le système de la servitude sur d'autres causes que les vices de la société !

Si l'on subjugue les hommes en dénaturant leurs inclinations, on est puni de l'avoir fait par la violence même, qui a servi à établir une domination éphémère. Voyez comme les Peuples ont été sublimes dans tous les grands mouvemens par lesquels ils se sont affranchis : Quelle puissance dans la réunion de leurs forces ! Quelle impétuosité d'action dans le concert de leurs efforts ! c'est la nature qui lutte contre les abus de l'ordre social, et qui se rétablit avec vigueur sur ses bases immuables. Jamais le Peuple français ne se déploya avec plus de majesté que dans le moment où la Convention nationale fit tomber la tête de ce roi, auquel de vieux préjugés, et des souvenirs dangereux attachoient une grande importance. La solennité de la discussion dont il avoit été l'objet, les résistances que la pusillanimité ou la trahison avoit opposées à son jugement, les grands intérêts de la liberté attachés au sort qu'il alloit éprouver, sembloient devoir causer à l'opinion publique des agitations de toute espèce. Mais la Convention nationale proclama la mort de ce roi perfide avec toute la dignité qui convenoit à ce grand acte de souveraineté. Le Peuple en fut témoin avec la même tranquillité, il n'insulta pas à celui qu'on venoit de condamner, parce qu'il étoit sous la puissance de la loi, et qu'il alloit cesser d'être nuisible.

Qu'on dise que ce n'est pas sa volonté qui a détruit le tyran et la tyrannie, qu'on dise qu'il a besoin d'être asservi, parce qu'il a accordé trop d'importance à quelques hommes qui en ont abusé. Son caractère est comme celui de ses Représentans, il se déploie avec autant d'énergie que de dignité dans les occasions périlleuses, et dans les grandes époques de la révolution.

Avec quel calme le vrai patriote reporte ses regards sur sa carrière politique, quand il n'a à se reprocher ni les erreurs qui ont compromis la liberté, ni les crimes qui lui avoient donné la hideuse allure de la licence; quand, après avoir voté pour la mort de Louis le dernier, il a encore contribué à arracher le sceptre des mains sanglantes de Robespierre. Ah! sans doute, il est pour l'homme de bien une récompense que les efforts des tyrans, ni l'inconstance des événemens, ni les orages des révolutions, ne peuvent lui enlever: c'est le témoignage d'une conscience pure. Ce sentiment consolateur fait envisager de sang froid les dangers inévitables de la révolution; il survit à tous les partis, il aide à supporter toutes les injustices, et rend impassible au milieu des plus grandes persécutions. C'est parce qu'il ne vous reste pas, que vous vous agitez dans votre impuissance, hommes pervers, qui ne retrouvez dans l'abandon où vous êtes que des remords et des furies qui vous poursuivent; qui ne conservez dans vos cœurs que des haines implacables, et des passions dévorantes pour compensation des tourmens de l'amour propre, ou des pertes de l'ambition: c'est parce qu'il ne vous reste que les souvenirs d'un pouvoir dont vous avez abusé, ou des jouissances barbares que vous procuroient vos succès, que vous criez maintenant à l'oppression : vous criez à l'oppression ! quand après avoir froissé tous les cœurs, interrompu tous les attachemens, on se borne à prendre contre vous les précautions dont on entoure les fripons ; rappelez-vous vos vengeances coupables et vos projets sanguinaires ; rappelez-vous avec quelle ironie amère vous insultiez aux sentimens d'amour, ou de compassion qu'on témoignoit à vos victimes ; rappelez-vous ces jeux barbares, où vous disposiez avec tant de légéreté de la vie et de la fortune des Citoyens, mais non pas de leur honneur, car il n'est pas plus en votre pouvoir de le détruire que de le donner. Vous criez à l'oppression ! lorsque vous avez encore contre nous des armes terribles, puisque nous ne savons pas employer celles dont vous vous êtes servis avec tant d'audace et de succès, puisque l'homme juste ne sait pas plus se défier de son ennemi, que se venger de lui quand il l'a vaincu. Mais s'il ne nous reste pas des moyens aussi puissans que ceux que vous avez pour nous attaquer, du moins nous aurons assez d'énergie pour ne pas retomber sous les coups de votre tyrannie. Lequel d'entre nous pourroit encore se soumettre aux caprices de quelques forcenés aussi méprisables par leurs inclinations que par leur nullité: qui s'exposeroit encore aux horreurs de la crainte, à cette longue agonie qui préludoit à une mort d'autant plus cruelle, qu'on avoit pu calculer d'avance toutes ses pertes, et s'attacher à la vie par tous les sentimens qu'il falloit sacrifier en la quittant? Toutes les heures annonçoient la mort, sans qu'on pût prévoir celle qui devoit être la dernière. Quelle alternative cruelle et déchirante! Oui, il nous restera dans le souvenir de nos tourmens, de quoi nous soustraire à l'oppression, si jamais elle s'organisoit par le même système, et dans les mêmes mains.

Ne croyez pas cependant, Citoyens, qu'en rappelant des crimes produits par un régime désastreux, je veuille jeter un voile sanglant sur toutes les époques heureuses de la révolution, dans lesquelles un patriotisme exagéré a sauvé la chose publique. Je sais que l'aristocratie, satisfaite de nos divisions, assimile toutes les insurrections légitimes du Peuple, aux crises qui viennent de nous épuiser. Je sais qu'elle attend qu'après avoir puni les torts de l'exagération, on fasse le procès à toutes les révolutions qui ont sauvé la liberté.

Mais nons nous rappellerons que le génie révolutionnaire a dirigé souvent les égaremens de l'opinion contre nos ennemis implacables, qu'il s'est servi quelquefois de la terreur pour arracher les sacrifices que l'insouciance ou l'égoïsme refusoit à la patrie, et de la violence pour monter l'esprit public à la hauteur des dangers qu'il falloit vaincre. Qu'on ne croye pas que les hommes persécutés puissent jamais confondre dans leur haine les patriotes intrépides et même imprudens, avec les égorgeurs. Si jamais dans un péril commun il falloit se presser autour de la statue de la liberté, on verroit qu'ils savent diriger leurs forces, et contre l'homme à préjugés qui veut saper sa base, et contre le forcené qui veut l'armer d'un poignard. S'il falloit des motifs pour empêcher des réconciliations imprudentes ou des associations monstrueuses, je montrerois aux patriotes trop faciles ou trop aveuglément confians, les trahisons sans nombre, par lesquelles on a préparé tant de fois notre perte, les traités criminels faits avec nos ennemis pour amener au milieu de nous la désolation et le carnage; je rappellerois ces résistances coupables qui

qui ont tellement exalté l'opinion publique, qu'elle a favorisé le terrorisme, et qu'elle a facilement embrassé tous les partis violens; je montrerois les passions extrêmes de l'aristocratie et de l'exagération, s'unissant pour la vengeance, et faisant un pacte sur le tombeau de la philosophie et du patriotisme.

Nous touchons à une grande époque, qui fixera tout-à-fait nos destins; il dépend des hommes sages de consommer la révolution, et de poser les bornes si souvent reculées, dans lesquelles elle doit s'arrêter; mais il faut pour cela s'affranchir de toutes les influences étrangères au bien public, et étouffer toutes les passions dont il ne seroit pas l'objet.

Il est temps de reposer au sein de l'union nos esprits fatigués de tant de haines, épuisés par tant d'efforts ; de nous recueillir dans l'amour de la patrie et de nos semblables, pour goûter les douceurs du régime républicain. L'instabilité des événemens, la succession rapide des révolutions isole les cœurs de l'intérêt général, en même temps qu'elle disperse les forces, et qu'elle absorbe nos moyens. Il est temps que la liberté paisible et bienfaisante, comme la nature de qui nous en avons reçu le droit, ramène l'abondance au sein de nos villes, et répande la joye et le calme de la vertu dans tous les cœurs. Républicains ! cessons de nous persécuter, que nos mains s'unissent pour le pacte d'union, et ne conservons de haine que contre ceux qui pleurent Louis le dernier, ou qui regrettent Robespierre.

AU NOM
DU PEUPLE FRANÇAIS.

PELLETIER, Représentant du Peuple, en mission dans les Départemens du Doubs, du Jura, etc.

AYANT pris lecture des discours prononcés par l'Agent national près la Commune de Besançon, le présent jour, et le 2 du courant, dans les assemblées qui ont eu lieu pour la décade, a trouvé que les principes qu'ils renferment ne peuvent être trop connus, et voulant les rendre publics afin d'affermir de plus en plus l'opinion dans le sens de la révolution du 9 thermidor, arrête qu'ils seront imprimés au nombre de mille exemplaires chacun, et envoyés dans toutes les Communes du Département du Doubs, à la diligence des Agens nationaux de Districts, auxquels le président du Département les fera parvenir.

Fait à Besançon le 20 pluviôse, an 3e de la République une et indivisible.

PELLETIER.

A BESANÇON,

De l'Imprimerie de Jean-François DACLIN.

Troisième année républicaine.

www.ingramcontent.com/pod-product-compliance
Lightning Source LLC
LaVergne TN
LVHW010306230826
846091LV00007BB/2736

* 9 7 8 2 0 1 3 2 7 0 0 7 6 *